Adieu mes 9 ans !

Valérie Zenatti

Adieu mes 9 ans!

l'école des loisirs
11, rue de Sèvres, Paris 6e

Du même auteur à *l'école des loisirs*

Collection NEUF

Une addition, des complications
Demain, la révolution
Koloïshmielnik s'en va-t'en guerre

ISBN 978-2-211-09286-9

© *2007, l'école des loisirs, Paris*
Loi n° 49.956 du 16 juillet 1949 sur les publications
destinées à la jeunesse : mars 2007
Dépôt légal : mai 2009
Imprimé en France par Jean Lamour à Maxéville

Pour Lucas, ses dix ans, ses boucles et ses indignations,
Avec fierté et amour.

Pour Shaïne, son intelligence, sa gaieté et ses citations
Qui aident à affronter le monde.

1

*Comme souvent,
ça commence avec des questions…*

Selon moi, il y a trois âges extrêmement importants dans la vie : 1 minute, 10 ans et 100 ans.

Une minute, parce qu'on vient tout juste de sortir du ventre de sa mère et qu'on doit forcément se souvenir comment c'était mystérieux et génial, on doit savoir encore comment on faisait pour ne pas s'ennuyer tout en ne faisant RIEN, ce qui est le rêve absolu.

Dix ans, parce qu'on meurt une première fois : plus jamais, jamais, jamais on pourra écrire son âge en un seul chiffre. Plus jamais, jamais, jamais on pourra montrer son âge avec les deux mains. Dix ans est donc mathématiquement l'âge des «plus jamais, jamais, jamais» et potentiellement l'âge des «choses sérieuses qui commencent».

Cent ans, parce que traverser un siècle entier, c'est comme traverser l'Océan à la nage, ou la Chine à pied : un exploit impossible pour la plupart des mortels.

Dans un mois et six jours, j'aurai dix ans.

Rien que d'y penser, je suis en état de choc.

Ce matin, je me suis regardée dans la glace, pour essayer de voir ce qui était en train de changer à l'approche de cet anniversaire. Je tenais à la main la photo de classe de l'an dernier, quand j'étais en CE2B, avec mademoiselle Kaladjian. J'ai essayé de comparer ma tête à l'époque et celle d'aujourd'hui. Ce n'était pas très facile, parce que le jour de la photo de classe, Maman avait tenu à me faire deux tresses : ce fut la dernière fois dans ma vie que je supportai cette coiffure grotesque. Ma mère est née au millénaire dernier, en 1970. Il y avait à l'époque une série télévisée appelée « La petite maison dans la prairie » avec des Bons pauvres, bouleversants et intelligents et des Méchants riches, ridicules et bêtes. La fille des Bons, qui s'appelait Laura, portait des tresses matin, midi et soir. J'ai vu une rediffusion de la série l'été dernier. Maman était tout émue. Je dis ça parce que je la connais bien. Elle essayait de cacher son émotion, elle disait « finalement, cette série n'est pas si bien que ce que je croyais », mais je voyais que ça lui rappelait son enfance et les adultes sont toujours tout retournés quand ils se trouvent dans cette situation.

Le jour même, j'ai collé dans mon cahier des Trucs Indispensables et Secrets la recette suivante.

Recette pour obtenir un adulte facile à vivre :
Prenez un adulte bien dur, sévère et impressionnant d'au moins trente ans.
Faites-lui écouter le générique de sa série télévisée préférée quand il était enfant.
Projetez-lui un épisode (ou plus) de cette série.
Offrez-lui des Car en sac et des Carambar.
Terminez en lui chantant « Une chanson douce, que me chantait ma Maman... »
Et vous obtiendrez un adulte mou comme un bon caramel, tendre, très agréable.

Dans la recette, je n'ai pas mis « tout faire pour ressembler à l'héroïne de la série préférée de l'adulte », parce qu'il faut quand même pas exagérer.

Bref. D'après la photo de classe, le grand changement, c'était ma coiffure. En même temps, on ne peut pas dire qu'avoir dix ans se résume à ça : refuser de porter des tresses. On ne peut pas affirmer que ce soit un changement profond et radical.

Je suis allée chercher des albums photos pour voir comment j'avais changé d'année en année, comment j'étais passée d'un jour à un an, d'un an à deux ans, jusqu'à mes neuf ans. Là non plus, ce n'était pas facile d'y comprendre quelque chose : je changeais de photo en photo, bien sûr, mais c'était le plus souvent à cause de l'éclairage, de la façon dont la photo avait été prise, de mon expression, ma position, mes vêtements. Parfois, dans la même journée, je n'étais pas du tout la même.

Pourquoi ne voit-on pas les cheveux pousser, alors qu'ils poussent quand même ? Pourquoi, même si on se regarde chaque jour dans une glace, on ne voit pas la peau et les yeux changer ? Le nez grandir ? Les taches de rousseur apparaître ?

C'est incompréhensible.

Mais je vais chercher, et je jure que le jour de mes dix ans, j'aurai compris.

2

L'importance du sondage dans l'histoire

Ce matin, pendant la récré, je suis allée voir mademoiselle Kaladjian. De toutes les maîtresses que j'ai eues, c'est ma préférée. Je crois qu'elle adore son métier, ce qui n'est pas le cas de madame Corbière, que notre classe de CM1A supporte depuis la rentrée. Mademoiselle Kaladjian sourit toujours, y compris lorsqu'elle se fâche, quelque chose d'heureux clignote dans ses yeux. Madame Corbière, c'est exactement le contraire. Elle fait tout le temps la tête et lorsqu'il lui arrive de sourire (à peu près trois fois par an), son visage devient encore plus inquiétant.

En trois mots : elle est terrifiante.

En classe je me fais toute petite, je me force à répondre quand elle m'interroge et c'est pour cela que sur mon carnet, j'ai eu droit à l'appréciation : *Tamara est une très bonne élève. Cependant, elle pourrait être excellente si sa participation en classe était plus grande.*

Oui, ben c'est comme ça, j'ai eu envie de lui dire, quand elle m'a tendu le livret, je ne veux pas vous adresser la parole et personne ne peut m'y forcer.

Mais bien sûr, je me suis tue.

Heureusement qu'il existe des maîtresses à qui on peut parler sans avoir peur…

– Mademoiselle Kaladjian, vous savez comment on peut faire pour s'observer grandir ?

Des points d'interrogation se sont mis à danser dans ses yeux.

– Qu'est-ce que tu cherches à comprendre, Tamara ?

– Comment on grandit. C'est bizarre quand même, on change tout le temps mais on ne s'en aperçoit jamais ! Je vais bientôt avoir dix ans, je voudrais voir ce qui change vraiment en moi, en ce moment.

Elle a soupiré.

– C'est une question très difficile. Je ne suis pas sûre de pouvoir y répondre. Je crois qu'on s'aperçoit des changements après coup, tu vois ? Comme lorsqu'on feuillette un album photo, par exemple…

– Mais il n'y a pas un livre qui explique tout ? Un livre qui dirait comment faire pour se voir grandir ?
– Je crains bien que non...
– Vous en êtes sûre ?
Elle m'a répondu doucement :
– Pas sûre à cent pour cent, mais presque... Je suis désolée... Mais tu sais, il existe beaucoup de livres qui racontent des histoires d'enfants qui grandissent, ça pourrait t'aider.
Non, cette réponse ne m'aidait en rien, et cela m'a attristée.

Le soir, j'ai commencé mon sondage. Il tenait en deux questions :
Vous souvenez-vous de vos dix ans ?
Si oui, quel est votre souvenir le plus fort de cette époque ?
J'avais besoin de dix personnes. C'est un chiffre raisonnable et bien rond, pour un sondage sérieux.

Il m'a fallu une semaine pour réunir toutes les réponses :
Maman : Oui. Mon père a préparé un gratin dauphinois le jour de mon anniversaire. (Commentaire : j'adore ça, comme tu le sais.)

Papa : Oui. On est allé à la mairie faire ma première carte d'identité. (Commentaire : j'étais très fier.)

Mamie Blandine : Non. À cette époque, tu sais, on ne fêtait pas systématiquement les anniversaires…

Papy Henri : Euh… Je me souviens surtout de mes vingt ans. Tu veux que je te raconte ?

Mon cousin Hugo : Évidemment. J'ai reçu ma première Play Station. Cool, non ?

Ma cousine Mathilde : Ben oui… C'était l'an dernier, tu ne t'en souviens pas ? On voulait danser avec les garçons mais on n'a pas osé les inviter !

Ma tante Edwige : Oui. C'est l'année où j'ai eu la varicelle. J'étais horrible à voir, je voulais rentrer sous terre.

Mon oncle Philippe : Non, pas vraiment. Enfin, si ça peut t'aider, je crois que c'est l'année où j'ai commencé à jouer aux échecs. C'est pour un exposé ?

Mamie Antoinette : Oui, bien sûr, ma chérie. Euh… là, comme ça, je ne vois rien. Il faut que je cherche.

Papy Bertrand : Je crois que j'ai été puni. C'est que j'étais un sacré loustic, moi ! Je te raconterai quand tu seras grande.

On pouvait donc dire que six personnes sur dix affirmaient se souvenir de leurs dix ans (dont Mathilde, qui a onze ans, et Hugo, qui en a quinze, dans leurs cas, c'est franchement normal.) On pouvait dire aussi que les souvenirs associés aux dix ans étaient banals et souvent inintéressants. Manifestement, les adultes ont du mal à se souvenir de leur enfance avec précision, et les événements qu'ils parviennent à retrouver sont simplement consternants.

Je commençais à être en colère.

Dès que j'annonce que je vais bientôt avoir dix ans, on me bassine avec des «Ah, mais c'est un âge drôlement important, ça!», et des «Dix ans? Il faut fêter ça en grand!», et quand je demande des précisions on me parle de boutons de varicelle, d'échecs, de gratin dauphinois ou de… rien.

Ce qui est sûr, c'est que quand on approche des dix ans, les adultes deviennent décevants. Et encore, je suis en dessous de la réalité.

3

Une découverte terrifiante

L'école était incapable de me donner des réponses. Ma famille était incapable de me donner des réponses. Si j'avais été l'héroïne d'un roman d'aventure, je serais partie seule avec mon sac à dos et j'aurais parcouru les cinq continents de la Terre. J'aurais connu les tempêtes, le froid, le soleil brûlant. J'aurais escaladé des montagnes, traversé des mers, marché dans des déserts. J'aurais pris le temps, peut-être toute une vie, pour observer tous les peuples, et pour essayer de comprendre. J'aurais posé les mêmes questions à tous ceux que j'aurais rencontrés, même à ceux qui ne m'auraient pas comprise. Est-ce que chez vous aussi, dix ans, c'est important ? Est-ce que vous comprenez quelque chose au temps qui passe ? J'aurai chanté dans la rue pour gagner ma vie, j'aurais goûté à tous les plats du monde, j'aurais entendu toutes les langues, j'aurais rempli mon sac à dos de souvenirs de chaque pays, de vrais souvenirs, pas des trucs moches et chers achetés dans des magasins pour touristes et fabriqués en Chine, non. Mes souvenirs à moi auraient été des cailloux, du sable, de la terre, des fleurs, des plumes, des bouts de tissus et de bois, des choses que l'on peut toucher et sentir.

Et des tas de photos, bien sûr, pour la magie d'avoir entre les mains la preuve d'un moment qui a existé, et qui n'existe plus.

En attendant de faire le tour du monde, j'étais en train de me ronger les ongles. C'est plus fort que moi, ces derniers temps. Je sais que ce n'est pas beau, j'essaie parfois de m'en empêcher quand Maman me le fait remarquer, mais au fond de moi, j'adore ça : ronger l'ongle comme un lapin, croc, croc, croc, puis le casser avec mes dents d'un coup sec, arracher ce petit bout de moi qui résiste un peu – et ça ne fait même pas mal.

Mon œil a soudain été attiré par quelque chose. Un petit mouvement, sur la table du salon, près du canapé sur lequel j'étais en train de réfléchir. Une coccinelle se promenait sur un journal. Elle avançait avec une grande détermination, comme si elle savait exactement où elle allait. Elle s'est arrêtée sur une publicité en bas, à gauche. Il était écrit, en gros caractères :

LA FAIM TUE TOUTES LES QUATRE SECONDES

Au-dessous, dans une grande pièce marron au sol en terre battue il y avait un petit garçon noir, maigre, nu, recroquevillé près d'un immense bol vide. Un petit texte disait : « Mourir de malnutrition n'est pas une fatalité. Vous aussi, aidez-nous à combattre ce fléau, aidez-nous à sauver des enfants : envoyez vos dons à Action contre la faim. »

J'ai regardé l'enfant qui baissait la tête. Je n'avais jamais vu quelqu'un d'aussi maigre. J'avais envie de détourner les yeux mais c'était impossible. J'ai essayé de deviner son âge. Cinq, six ans, peut-être.

J'ai posé mon doigt sur la lettre « F », là où la coccinelle s'était arrêtée. Elle a hésité un instant puis elle m'a fait confiance et elle est montée sur mon index, avant de parcourir les collines et les vallées que font les os quand on serre les poings. Je crois que ça s'appelle les jointures.

De l'autre main, j'ai pris le journal et je suis allée

voir Maman, qui était encore collée devant l'ordinateur pour répondre à ses mails.

— Maman, vous faites des dons à Action contre la faim ?

— Euh… non, ma chérie.

J'étais sidérée.

— Mais pourquoi ???

— Parce que… on fait des dons pour la lutte contre le sida, et on donne aussi à Médecins sans frontières, et puis parfois, quand il y a une catastrophe quelque part, on donne aussi alors tu comprends ma chérie, on ne peut pas donner à tout le monde.

— Mais là, ce sont des enfants ! Des enfants qui meurent de faim ! Ça ne te révolte pas ?

Elle a eu une étrange expression sur le visage. Une expression pour laquelle je n'ai pas de mots.

— Si, ça me révolte, bien sûr, mais…

— Mais quoi ?

Elle a soupiré.

— Je ne sais pas quoi te dire. C'est terrible, mais on ne peut pas aider tout le monde, on ne peut pas soulager toute la misère, il y en a trop. Alors on fait de son mieux, même si ce n'est pas assez.

— S'il te plaît, on peut envoyer un don pour

eux ? J'ai trois euros cinquante. Vous pourriez en ajouter un peu…

— D'accord, ma chérie. C'est bien, de penser aux autres comme ça.

Je suis allée dans ma chambre chercher les trois euros cinquante et je les ai donnés à Maman.

— Tu n'oublieras pas, hein ?

— Non. D'ailleurs on va le faire tout de suite, ils doivent certainement avoir un site.

Elle a trouvé le site d'Action contre la faim, est allée dans la rubrique « faire un don en ligne et payer par carte bancaire » et elle a tapé la somme de dix euros.

— Voilà ma chérie, c'est fait.

— Merci, Maman.

Je suis retournée m'asseoir sur le canapé. La coccinelle continuait à dessiner des lignes invisibles sur ma main. Ça me chatouillait un peu et j'aimais ça. Je l'ai faite passer d'une main sur l'autre, plusieurs fois.

J'ai pensé : quand j'ai une coccinelle sur les mains, je ne me ronge pas les ongles. Et puis j'ai pensé au petit garçon. On avait simplement cliqué pour envoyer dix euros. Même pas à lui, directement. Lui, il était peut-être déjà mort depuis qu'on avait pris la photo.

*
* *

Le soir, j'ai regardé les informations avec Papa et Maman, pour voir s'ils parlaient de la faim dans le monde, qui tue quelqu'un toutes les quatre secondes. Le journaliste a annoncé différents sujets :

Les médecins allaient se mettre en grève, parce qu'ils ne gagnaient pas assez d'argent.

Les étudiants étaient en grève depuis deux semaines, parce qu'on voulait donner moins d'argent aux universités.

Un petit garçon avait disparu depuis deux jours dans un village et tout le monde était très inquiet.

Le prix des cigarettes allait encore augmenter et ça mettait plein de gens en colère. (Là, Maman a dit : j'ai bien fait d'arrêter l'an dernier. Chaque fois que le prix des cigarettes augmente, j'ai l'impression de faire plus d'économies !)

Cinquante-huit personnes étaient mortes dans un attentat en Irak. (Le journaliste a dit ça très vite, on a vu une image avec des taches sombres au sol, une ambulance et un homme qui pleurait en tenant sa jambe.)

Le président de la République était en Chine et il avait l'air très content.

Les gens allaient de moins en moins au cinéma et achetaient de moins en moins de disques parce qu'ils téléchargeaient les films et les chansons sur Internet illégalement. Quelqu'un a dit : si ça continue, il n'y aura plus de films, plus de chanteurs, plus personne n'aura d'argent pour les payer.

Après, il y a eu la météo, le loto et le journal des courses.

Sans oublier la pub, bien sûr.

4

*Le monde est encore plus terrifiant
(et l'apparition de Simon dans l'histoire)*

Aujourd'hui, pendant que Madame Corbière était en train de nous distribuer des autorisations de sortie à faire signer par nos parents, j'ai demandé à Simon, qui est assis à côté de moi :

– Tu sais qu'il y a quelqu'un qui meurt de faim toutes les quatre secondes dans le monde ?

Il a froncé les sourcils et n'a pas su quoi répondre. Alors, comme il a fêté son anniversaire il y a deux mois, je lui ai posé la deuxième question qui me tracassait :

– Ça t'a fait quoi, à toi, d'avoir dix ans ?

– Ça m'a rendu heureux. J'ai reçu un MP3. C'est trop génial ! Tu peux emmener ta musique partout.

— Oui, mais ça t'a fait quoi, vraiment? À l'intérieur, dans ta tête?

— Dis, c'est la journée internationale des questions compliquées?

Madame Corbière est passée devant nous à cet instant et je n'ai pas répondu.

J'ai jeté un œil sur la feuille qu'elle venait de me tendre.

Nous irons visiter le Museum d'Histoire naturelle le lundi 5 mars. Les parents accompagnateurs sont les bienvenus.

J'ai collé la feuille dans mon carnet de correspondance, puis je me suis concentrée sur les divisions à deux chiffres que Madame Corbière était en train d'inscrire au tableau. Mais à la place des chiffres, je voyais le petit garçon près de son grand bol vide. Je voyais aussi Maman cliquer pour envoyer dix euros. La deuxième image me rendait encore plus triste que la première, je ne sais pas pourquoi.

Le soir, au lieu d'aller jouer dans ma chambre après le dîner, j'ai décidé de regarder encore les informations. Je me suis blottie entre Papa et Maman, sur le canapé.

Les médecins étaient toujours en grève.

Les étudiants aussi.

On n'avait toujours pas de nouvelles du petit garçon qui avait disparu et une petite fille de cinq ans avait disparu dans un autre village.

Des jeunes avaient tué un adolescent qui ne voulait pas leur donner son téléphone portable.

À quelques mois des vacances, les hôteliers étaient inquiets, il y avait moins de réservations cette année que l'an dernier.

Des inondations avaient fait trois mille morts en Inde.

Le président de la République avait visité une usine d'avions et avait l'air très content.

Treize soldats américains étaient morts en Irak.

Le président américain parlait devant des journalistes de la guerre en Irak, qui était une guerre «juste». À côté de lui, on voyait son petit chien remuer la queue.

Des milliers de personnes comptaient organiser une manifestation devant la maison de J.K. Rolling pour l'empêcher de tuer Harry Potter dans le septième volume. «Le problème, c'est qu'on ne sait pas où elle habite, disait une manifestante. Mais on trouvera. On ne peut pas laisser faire ça. C'est trop horrible.»

J'ai eu du mal à m'endormir. J'avais l'impression d'être sur un manège qui tournait de plus en plus vite, les images se mélangeaient et me donnaient le vertige : je voyais des médecins en grève en Irak, des soldats américains qui n'avaient pas fait de réservation pour leurs vacances en Bretagne, des étudiants kidnappés par des enfants, des manifestations contre les inondations, des chanteurs qui se battaient avec Harry contre Voldemort à coups de CD et de DVD en criant : « Stop au téléchargement illégal ! ».

Et au-dessus d'eux, la grande image du président de la République, qui avait l'air très content.

*
* *

Dans les jours qui ont suivi, c'est devenu comme une drogue. J'avais besoin de regarder les informations, tous les soirs. Le journal télévisé a commencé à ne pas me suffire, je me suis mise à écouter la radio. Je ne savais plus où donner de la tête. On ne parlait toujours pas de la faim qui tue une personne toutes les quatre secondes, ce qui voulait dire 21 600 personnes par jour, j'avais fait le calcul. On n'avait pas de nouvelles des deux enfants qui avaient disparu et je pensais à eux autant qu'aux gens qui meurent de faim, et même plus parfois, je me mettais à leur place, à la place de leurs parents, ça me tordait le ventre et la poitrine quand j'y pensais, ça me coupait l'appétit, je me suis mise à avoir peur pour moi et pour tous les enfants.

Le plus terrible, c'est que personne ne semblait vouloir, ou pouvoir faire quelque chose pour empêcher tous ces malheurs.

Je me rongeais de plus en plus les ongles, je n'avais presque plus d'ongles d'ailleurs, il allait falloir trouver quelque chose pour remplacer.

Et puis il y a eu le coup de grâce, pendant le week-end.

On a appris que les deux enfants avaient été retrouvés morts. Papa a aussitôt éteint la télé. Maman avait les larmes aux yeux. Ils m'ont proposé une partie de Jungle maléfique ensuite, mais on n'a pas terminé la partie. Papa a dit qu'il était fatigué, qu'il voulait se coucher et, pour une fois, je n'ai pas protesté.

5

*Où Tamara ne comprend rien au temps qui passe
(comme la plupart des gens, certainement)*

Pourquoi le monde est si inquiétant, soudain ? Pourquoi toute cette souffrance, ces gens qui meurent, qui ont mal ? Où étaient-ils quand j'avais quatre ans et que j'apprenais à faire de la trottinette ? Quand j'avais six ans et que j'étais si fière de réussir le T majuscule de mon prénom ? Quand j'avais sept ans et que je cassais les œufs pour faire un gâteau ? Pourquoi la vie semble avoir un goût amer maintenant ?

Je suçote une boucle de mes cheveux.

C'est la solution de rechange pour les jours où je n'ai pas assez d'ongles à ronger.

C'est assez bon, une mèche de cheveux bien

mouillée. Enfin, ça n'a pas vraiment de goût mais c'est agréable dans la bouche. C'est lisse et doux.

À la télé, ce soir, il y a eu un grand dossier sur le réchauffement climatique. C'est une histoire de fou. J'ai compris que la Terre était en train de se réchauffer comme jamais depuis longtemps. Du coup, le pôle Nord et le pôle Sud sont en train de fondre. Toute cette glace refroidit les mers. Il va donc faire à la fois beaucoup plus chaud à certains moments et beaucoup plus froid à d'autres.

Ils ont montré un village esquimau au pôle Nord. Les gens vont devoir déménager parce que la banquise est en train de fondre, leurs maisons vont être englouties, l'endroit où ils sont nés et où ils ont grandi va disparaître.

Des villes, comme New York et Tokyo, sont menacées d'inondations.

Cinquante millions de personnes vont devoir déménager ou carrément changer de pays à cause des changements climatiques.

J'ai repensé à ce film que Papa et Maman ont en DVD, *Le jour d'après*. On y voit la Terre se refroidir très vite, en une semaine, les gens gèlent sur place et meurent debout, exactement comme au temps où les mammouths ont disparu. Personne ne peut rien contre ce froid immense, aucune armée, aucune loi. (Mais le héros, lui, qui est très mignon, est sauvé par son Papa qui traverse l'Amérique à pied sans geler.)

Je suis allée m'asseoir près de Maman qui était en train de lire sur le canapé. J'ai observé son visage. J'y ai cherché la peur que je ressens depuis deux semaines, l'inquiétude devant toutes ces menaces, les assassins d'enfants, la famine, le climat fou. Seuls ses yeux bougeaient. De gauche à droite, de droite à gauche, son regard courait après les mots, les avalait un à un, en accélérant parfois. Elle était très concentrée et n'avait l'air ni gentille, ni méchante, ni heureuse, ni triste. Simplement plongée dans le livre. Enfin, pas tant que ça puisqu'elle a levé les yeux, m'a souri, a placé un ticket de métro en guise de marque-page et a posé le livre sur la table. J'ai jeté un coup d'œil sur le titre. *Trois chevaux* d'Erri De Luca. On y voyait un homme assis au sommet d'un immense rocher blanc, les bras entourant ses jambes repliées.

— Ça va, ma chérie ?

Ce n'était pas la bonne question. J'ai répondu :

— Il se passe quoi avec les trois chevaux ?

Elle a ri.

— Ce n'est pas un livre sur les chevaux !

— Alors pourquoi il s'appelle comme ça ?

— Parce que la vie d'un homme, ou d'une femme, dure aussi longtemps que celle de trois chevaux.

— Et toi, tu es sur quel cheval ?

Elle a réfléchi un instant.

— Je crois que je viens de monter sur le deuxième.

— En quoi est-il différent du premier ?

— Il va un peu plus vite, il me semble.

— Pourquoi on ne peut pas descendre du cheval quand on veut ? Pourquoi on est obligé de grandir tout le temps, comme si quelqu'un nous poussait dans le dos et nous forçait à avancer ? Et si après le CM2 j'ai encore envie de rester en primaire, pourquoi on me forcerait à aller au collège ? Pourquoi je n'aurais plus jamais le droit d'être dans une école ? Pourquoi je ne pourrais pas rester sur le dos d'un poney, plutôt que sur celui d'un cheval ?

— C'est la vie, ma chérie. La vie, c'est le temps qui passe. Personne ne peut l'arrêter. Ou plutôt : arrêter le temps, c'est la mort.

— Pourquoi toi et Papa vous regardez les informations tous les jours, vous lisez les journaux et vous ne semblez pas terrifiés par tout ce qui arrive ? Pourquoi vous ne vous battez pas pour que les choses changent ? Pour que les parents fassent très attention à leurs enfants et empêchent les assassins de les kidnapper ? Pour que personne ne meure de faim ?

Elle a eu une drôle d'expression, un peu comme un mélange de tristesse et de gêne.

– On fait des choses… On fait des dons… On vote à chaque élection pour choisir les gens qui nous gouverneront, qui prendront les meilleures décisions possibles… On manifeste, quand on n'est pas d'accord…

– Mais vous n'avez rien changé au monde !

– Je… je ne suis pas sûre qu'on puisse changer le monde, Tamara. Enfin, je ne devrais pas te dire ça, je n'en sais rien, après tout. Mais je suis fière d'avoir une grande fille qui s'intéresse à tant de choses ! a-t-elle ajouté en me serrant dans ses bras. C'est formidable.

Formidable. Elle avait prononcé le mot « formidable », et je le trouvais aussi éloigné de ce que je ressentais que le mois de janvier est éloigné des grandes vacances. Mais j'ai accepté le câlin, et même, je me suis serrée très fort contre elle, pour la chaleur, la douceur, l'odeur de son parfum et, pendant quelques secondes heureuses, j'ai cessé de penser.

6

Tamara décide de se bouger

« Il faut prendre le taureau par les cornes. »

J'ai piqué cette expression à ma grand-mère, qui en fait la collection. Elle dit souvent « il faut battre le fer tant qu'il est chaud », « chéri, mets de l'eau dans ton vin » ou « lui, il est pas piqué des vers ». Je ne comprends pas toujours le sens de ces expressions, qu'elle est la seule à employer. C'est curieux de connaître le sens de chaque mot sans saisir ce qu'ils veulent dire ensemble.

Prendre le taureau par les cornes, donc. Ça consiste à affronter les problèmes, au lieu de les fuir. À se battre même pour gagner contre eux.

Si je me souvenais bien, Maman avait dit quelque chose comme « nous votons pour choisir les gens qui nous gouverneront, qui prendront les meilleures décisions possibles». Manifestement, ces gens n'avaient pas les yeux grands ouverts le soir, devant le journal télévisé. Ou peut-être ne le regardaient-ils pas. Peut-être n'avaient-ils jamais le temps d'ouvrir les journaux, trop occupés par...

Par quoi, au juste ?

Pourquoi quelqu'un se fait-il élire, devient une sorte de roi dans un palais, dirige un pays, si ce n'est pour changer le monde ?

J'ai pris mon cahier des Trucs Indispensables et Secrets et j'ai écrit :

Devenir présidente de la République dès que possible.

*
* *

Pour la première fois depuis longtemps, j'ai mieux dormi. Au lieu de faire des cauchemars remplis d'images noires, de cris et de sueurs froides, j'ai rêvé que le président de la République faisait face à un taureau. Il lui disait «à nous deux, mon petit» mais le taureau n'avait pas l'air d'apprécier qu'on l'appelle ainsi et soufflait fort, prêt à charger. Finalement, il demandait qu'on le sorte de là et disait : «J'y arrive pas. Je suis peut-être trop vieux pour ce genre de chose, voyez avec quelqu'un d'autre. Moi, je pars en vacances. »

Au moment où je me plaçai face au taureau, sous les applaudissements de la foule, Maman me réveilla.

À l'école, pendant que Madame Corbière nous rendait nos dictées, j'ai demandé à Simon :
— T'aimerais faire quoi, toi, plus tard ?
— D.J., ou ophtalmologue.
— Ophtalmologue ???
— Oui, c'est trop bien, j'y suis allé la semaine dernière. Y'a plein de fauteuils qui montent, qui descendent, et des ordinateurs super-performants. On se croirait dans un vaisseau spatial !
— T'aimerais pas faire quelque chose de plus... important ?
— Comme quoi ?
— J'sais pas, moi, un truc qui changerait le monde.
Il a haussé les épaules.
— Parce que tu crois que de permettre aux gens de bien voir, c'est pas important ? T'imagines les types qui étaient myopes et qui n'avaient pas de lunettes, au temps des Romains ? Ils étaient tout le temps dans le brouillard !

Il n'avait pas tort, mais j'avais du mal à l'admettre.

Ce qui est sûr, c'est que j'aurais préféré que Madame Corbière naisse avant l'invention des lunettes, ce qui l'aurait empêchée de me voir de loin et de me lancer un regard noir avec un haussement de sourcils signifiant clairement : « Tamara, si tu ne te tais pas tout de suite : punition. »

J'ai baissé les yeux, en me jurant que le jour où je serai élue Présidente, je ferai voter une loi pour que les maîtres et les maîtresses aient un visage souriant, et les yeux qui pétillent.

En rentrant à la maison je suis allée sur Internet et j'ai tapé dans le moteur de recherche :

Comment devenir présidente de la République.

Je suis arrivée aussitôt sur le site Vie publique.fr qui donnait des indications sur « Qui peut devenir président de la République », au masculin bien sûr, et rien qu'au masculin, ça m'a fâchée tout rouge.

J'ai soupiré en pensant que la liste des choses à faire pour changer le monde s'allongeait de seconde en seconde.

Et j'ai lu :

Il existe quatre conditions de fond.
Le candidat doit :
- *avoir la nationalité française ;*
- *être électeur et âgé d'au moins vingt-trois ans ;*
- *avoir satisfait aux obligations relatives aux textes sur le recrutement de l'armée (avant la fin du service militaire, il suffisait au candidat d'avoir été recensé, mais il ne devait pas nécessairement avoir effectué son service militaire) ;*
- *faire preuve de « dignité morale », sans que cette notion soit précisément définie.*

Être majeur ne suffisait pas ! Il fallait avoir au moins vingt-trois ans pour pouvoir se présenter aux élections. J'allais avoir dix ans. Nous étions en 2007. L'élection présidentielle a lieu tous les cinq ans et la prochaine se déroulerait dans deux mois. La suivante, en 2012 (j'aurai seize ans). Puis en 2017 (j'aurai vingt et un ans). Et enfin en 2022 (j'aurai vingt-six ans.)

Il allait falloir attendre quinze ans pour pouvoir espérer faire quelque chose !

Entre-temps, combien de gens morts de faim ? Combien d'enfants enlevés ? Combien de pandas disparus ? Combien de personnes qui auront déménagé à cause des conditions climatiques ?

Je suis née trop tard, voilà ce que j'ai pensé. Si j'étais née avant, j'aurais peut-être pu sauver la Terre.

Je ne comprenais plus ce que je ressentais. Hier, je disais à Maman que je n'étais pas pressée de grandir et qu'à quinze ans j'aurais peut-être encore envie d'être en CM2, que ça devrait être un droit. Et aujourd'hui, je désire une chose impossible : ordonner à mon cheval d'accélérer, vite, vite, de se dépêcher, de voler du temps au temps et de m'emmener bien au-delà de mes dix ans.

Est-ce qu'un jour j'aurai vraiment le bon âge ?

7

Donnez-moi une chanson
et je vous changerai le monde

— Ma chérie, tu sais que c'est dans trois semaines, ton anniversaire ? Tu as réfléchi à la fête que tu souhaiterais faire ? Tu sais qui tu voudrais inviter ?

Je ne sais quoi répondre.

Une fête ? Des amis ?

Je n'ai pas envie de faire la fête et tout à coup, je me demande si j'ai de vrais amis, surtout depuis que Léa, avec qui je partageais tant de choses depuis le CP, a déménagé en Argentine, l'an dernier. C'est très loin, l'Argentine, ce n'est même pas dans le même hémisphère que l'Europe, ce qui veut dire que lorsqu'il fait froid ici, elle, là-bas, elle a chaud. La différence de climat rend Léa encore plus lointaine et parfois, j'ai l'impression qu'elle n'a jamais existé.

— Tamara ?

— Oui, Maman ?

— On dirait que tu es complètement ailleurs. Tu ne m'as pas répondu. Quel genre de fête tu souhaiterais organiser, pour ton anniversaire ?

— Je ne sais pas, Maman... Il faut que je réfléchisse.

(Ce que je voudrais répondre, c'est : Maman, j'essaie surtout de savoir comment je peux changer le cours des choses, tu ne te rends pas compte, il va falloir attendre quinze ans avant que je puisse me présenter à l'élection présidentielle !)

Si je disais ça, au mieux, elle sourirait gentiment et au pire elle aurait dans son regard quelque chose qui prouverait qu'elle ne me prend pas au sérieux.

Je suis allée dans ma chambre. J'ai fait ce que je fais de plus en plus ces derniers temps : je me suis allongée sur mon lit en fixant le plafond et j'ai allumé le radio-réveil que mes grands-parents m'ont offert à Noël. Je tourne le bouton de réglage des stations au hasard et je m'arrête lorsque quelque chose me plaît. Ce que je déteste le plus à la radio, c'est la pub et ce que je préfère, c'est la musique. La musique a un pouvoir incroyable : elle peut nous faire ressentir ce qu'elle veut, nous mener par le bout du nez là où les chanteurs et les musiciens en ont envie. Dans la joie, dans la peine, dans les rêves. J'ai arrêté le bouton en entendant la voix douce de Corneille qui chantait :

« Alors on vit chaque jour comme le dernier
Et vous feriez pareil, si seulement vous saviez
Combien de fois la fin du monde nous a frôlés
Alors on vit chaque jour comme le dernier
Parce qu'on vient de loin »

Ce n'était pas la première fois que j'entendais cette chanson mais là j'ai eu l'impression de ressentir pour la première fois toute la tristesse et le bonheur des paroles. Un mélange salé-sucré, comme au restaurant chinois ou japonais, où j'adore manger. Je me suis sentie bien dans cette chanson, oui, dedans. C'est dur d'expliquer comment on peut être dans une chanson mais c'est ce que j'ai ressenti. J'avais besoin de cette sensation encore mais la chanson s'est terminée et ils ont démarré la pub qui fait tant mal aux oreilles alors je suis allée sur le site de Corneille et j'ai regardé le clip au moins dix fois, comme si j'avais besoin d'avaler tout le désespoir et l'espoir de ces phrases. Comme si j'avais besoin que la musique entre dans mon corps, et y reste. J'ai pensé que j'allais mettre l'album sur ma liste d'anniversaire, et un lecteur MP3, comme Simon.

J'ai pris mon cahier des Trucs Indispensables et Secrets et j'ai commencé une liste.

Liste des choses à faire
pour changer le monde :

• Demander à chaque personne riche de donner un euro par jour pour ceux qui ont faim.
• Empêcher réellement les gens de faire la guerre (en se mettant entre eux).
• Donner des cours aux parents pour qu'ils sachent aimer et protéger leurs enfants.
• Donner des cours d'amour, de respect des autres, de la vie et de la Terre aux enfants de la maternelle jusqu'à la terminale, en faire une matière principale et obligatoire pour que ça rentre bien dans la tête de tous.
• Pour les adultes qui ne sont plus à l'école : organiser des cours de rattrapage obligatoires.
• S'organiser pour faire écouter et chanter une fois à toute la Terre et au même moment la chanson de Corneille. Un immense concert. Une

immense chorale qu'on entendrait de l'Asie jusqu'à l'Amérique, de l'Europe jusqu'à l'Afrique.

• Recommencer chaque semaine l'opération avec chaque fois une chanson d'un pays différent.

Je me suis ensuite rongé les ongles pendant un bon quart d'heure.

Et j'ai eu la plus grande idée de ma vie.

8

Jusqu'où ira-t-elle ?

Monsieur le Président,
Je m'appelle Tamara et je vais bientôt avoir dix ans. Je vous écris aujourd'hui car la situation est grave. Tous les soirs, des catastrophes sont annoncées au journal télévisé. Je tiens d'ailleurs à vous dire qu'on ne parle pas forcément de toutes les catastrophes, comme la faim dans le monde par exemple, et pourtant, une personne meurt de faim toutes les quatre secondes. Oui, toutes les quatre secondes. Il y a aussi la Terre, qui est en train de se réchauffer, les gens d'Afrique qui sont prêts à prendre le risque de mourir sur des barques pour venir travailler chez nous. Sans compter tous les gens qui n'ont pas de maison, et les pandas en voie de disparition. Vous n'êtes peut-être pas au courant de tout ça car je sais que vous êtes très occupé par vos voyages et les cérémonies officielles pendant les jours fériés

mais je peux vous en parler, et vous donner mes idées pour que ça aille mieux. Nous pouvons fixer un rendez-vous à votre Palais car j'habite à Paris. Le mieux serait un mercredi puisque c'est le jour où je ne vais pas à l'école, mais si un autre jour vous convient, je pense que la directrice de mon école comprendra que je rate les cours pour vous voir.

S'il vous plaît, prenez ma lettre au sérieux : ce que l'on voit aux informations est pire que les cauchemars qu'on peut faire et en plus c'est VRAI. Merci de me répondre rapidement car c'est très urgent.

Bien respectueusement,
Tamara Korchia

J'ai fait au moins quinze brouillons. C'est pas simple d'écrire une lettre, c'est encore plus compliqué quand on n'a jamais vu la personne, et c'est carrément très difficile quand l'avenir du monde en dépend. Et puis, je ne m'y connais pas beaucoup en formules de politesse, parce qu'elles ont souvent l'air de ne rien dire mais d'être indispensables.

Après de nombreuses ratures, «Bien respectueusement» m'a semblé plus juste que «Veuillez agréer, Cher Monsieur, l'expression de ma considération distinguée», souvent utilisé par Maman lorsqu'elle fait un mot à la directrice (Non, mais franchement, je me demande si elle pense un instant ce qu'elle écrit.)

J'ai noté l'adresse que j'avais obtenue aux renseignements sur l'enveloppe :

Monsieur le Président de la République
Palais de l'Elysée
55, rue du Faubourg-Saint-Honoré
75008 Paris

Quand j'ai glissé la lettre dans la boîte, en allant acheter le pain, j'ai senti une boule d'excitation se former dans ma poitrine. Mais je n'avais accompli que la première partie de mon idée. Il restait deux parties, un peu plus compliquées à réaliser : s'adresser aux deux autres personnes les plus importantes sur Terre, celles qui pourraient peut-être agir si le président de la République française ne me répondait pas :

Le président américain, bien sûr.

Et Zinédine Zidane, évidemment.

*
* *

Pour le président américain, il y avait deux difficultés à surmonter : je ne sais pas écrire correctement en anglais, bien qu'on fasse de l'initiation depuis deux ans en classe, et je n'ai pas réussi à trouver son adresse sur Internet.

Après réflexion, j'ai décidé d'envoyer une lettre en français. Le président le plus puissant de la planète a certainement les moyens de se faire traduire son courrier ! J'ai noté en haut de la lettre « Very very important » et puis j'ai écrit à peu près la même lettre qu'au président de la République française, en lui proposant aussi un rendez-vous. À vrai dire, j'ai hésité parce que ça paraît fou, comme ça, d'imaginer qu'un président américain m'offre un billet pour Washington (je croyais qu'il habitait à New York mais non) mais « qui ne tente rien n'a rien », dit ma grand-mère. Sans compter que les présidents ont des avions rien que pour eux, exactement comme les enfants ont un vélo ou des rollers : ça fait partie de leur vie et ils trouvent ça normal alors peut-être qu'il trouverait normal de me prêter son avion, comme moi je prête mon vélo à ma cousine (sauf quand elle m'agace).

Pour l'adresse, j'ai simplement marqué :

Mr Président of U.S.A.
White House
Washington
U.S.A.

Et que la poste américaine se débrouille pour acheminer le courrier convenablement à partir de ces indications !

*
* *

Il ne me restait plus que ma lettre à Zidane.
Pourquoi lui ?
Parce que je suis sûre qu'il est plus connu que le président français et le président américain sur Terre, et que tous les autres présidents réunis.
Parce qu'un seul geste de Zidane (un coup de boule à Materazzi par exemple) est un événement dont on parle plus que la faim dans le monde.
Parce que j'aime bien son petit sourire timide quand il parle, et son regard de dur quand il joue.
Parce que je serais heureuse de le rencontrer, oui, c'est vrai, je l'avoue, mais je jure que si j'y ai pensé, c'est d'abord pour le bien de l'Humanité.

Cher Zinédine Zidane,

Je m'appelle Tamara, je vais bientôt avoir dix ans et depuis quelque temps, je m'intéresse aux informations et à ce qui se passe dans le monde. Je crois ne pas me tromper quand je dis qu'il y a plus de gens malheureux sur Terre que de gens heureux. Est-ce normal ? Est-ce qu'on peut accepter que le monde soit si triste ?

Moi, j'ai envie de répondre « non ».

Mais comme je n'ai que dix ans, je ne peux pas faire grand-chose toute seule. J'ai besoin de quelqu'un comme vous, quelqu'un de mondialement connu et que les gens aiment, parce que c'est plus facile d'écouter les gens qu'on aime, ou qu'on admire.

J'aimerais vous rencontrer, pour vous parler de tout ça. Je vous jure que ce n'est pas pour vous demander un autographe ou pour me faire prendre en photo avec vous. Je vous laisse mon adresse et mon n° de téléphone. J'espère que vous me répondrez.

Bien amicalement,
Tamara Korchia

Zinédine Zidane a un site officiel, avec une possibilité de lui écrire, mais tout le monde peut lire les messages envoyés. Il s'agit la plupart du temps de gens qui le félicitent et qui rêvent d'être d'aussi grands footballeurs que lui. Si je n'ai parlé de mon projet à personne, ce n'est pas pour que des inconnus le lisent sur un site.

J'ai donc envoyé ma lettre à la Fédération française de football, 87, boulevard de Grenelle, 75 738 Paris cedex 15. C'était la troisième lettre que j'envoyais. J'ai eu le sentiment de jeter une bouteille à la mer, et je me suis sentie à la fois pleine d'énergie et de découragement, d'espoir et de désespoir, de sucre et de sel. Comme dans la chanson de Corneille.

9

*C'est quand on croit
qu'il ne se passe rien que tout arrive*

Dans une semaine, j'aurai dix ans. Il y a quelques jours, je me sentais pleine d'énergie avec mes questions, j'étais persuadée de trouver des réponses. Ensuite, je me suis sentie pleine d'énergie avec mes projets pour changer le monde, j'en ai même fait une liste dans mon cahier des Trucs Indispensables et Secrets et je me suis juré de montrer cette liste uniquement au premier des présidents ou joueur de football qui me prendra au sérieux. Et maintenant je me sens vidée par ces semaines où j'ai si mal dormi, d'abord à cause des cauchemars, puis à cause des projets et je ne crois plus à rien de tout ça.

Je suis fatiguée, j'ai mal au ventre, je pense que personne ne peut me comprendre, à commencer par moi.

Je vais avoir dix ans et il ne se passera rien, je n'ai pas envie de faire une fête et de souffler des bougies en entendant quelques copains de classe qui ne sont même pas des amis chanter à pleins poumons «Joyeux anniversaire».

En plus, je commence à détester cette chanson. Cette façon de traîner sur les syllabes, de commencer dans les graves et d'essayer de tenir dans les aigus... Joyeux anniversaaaire, Machin Chouette, joyeux anniversaire, Machin Chouette, joyeux aaaanniversaaaaire, Machin Chouette, joyeux anniversaaaaaaaire!

C'est pitoyable.

Maman a été étonnée lorsque je lui ai dit que je ne voulais pas de fête. Elle a proposé :

— Alors on le fait en famille ?

— Oui, si vous voulez, j'ai répondu, sans sauter au plafond de joie non plus.

Elle m'a regardée attentivement, comme quand elle me soupçonne d'avoir de la fièvre.

— Tu t'es fâchée avec tes amis ?

— Non, non, je t'assure. Mais on est un peu grands pour faire des goûters d'anniversaire en s'empiffrant de Malabar, d'oursons et de Smarties et en laissant nos parts de gâteau dans l'assiette parce que personne, finalement, n'aime les gâteaux au chocolat faits maison. C'est tout.

– C'est tout ?
– C'est tout.

Elle n'a pas insisté. Mais le soir, je l'ai entendue dire à Papa, dans la cuisine :

– Il se passe quelque chose en ce moment avec Tamara. Elle doit avoir des problèmes avec ses amis... On dirait qu'elle ne s'intéresse plus à rien. Je vais prendre rendez-vous avec son instit, elle a peut-être remarqué quelque chose...

La simple idée d'imaginer Maman en face de l'horrible Madame Corbière, essayant de comprendre ce qui se passait dans la tête d'une petite fille « qui ne s'intéresse plus à rien » a réussi à me faire sourire pendant trois secondes.

Et puis je suis retombée dans mon découragement.

*
* *

Nous sortons de la cantine, où j'ai à peine mangé, malgré l'animatrice qui me répétait méchamment « ailleurs, il y en a qui seraient contents de manger ce qu'il y a dans ton assiette! ». Il fait gris et froid. Le temps me paraît infini jusqu'au cours de musique, qui est comme un petit soleil dans nos jeudis, avec la voix joyeuse de Felizia, notre professeur, qui sait nous faire rire en nous donnant de drôles d'exercices pour nous chauffer la voix comme pam, pam, pam, pam dans différentes octaves et sait aussi nous demander de fermer les yeux, pour laisser une chanson ou une musique « entrer dans notre cœur et notre ventre », comme elle dit.

Ma chanson préférée est une chanson sur Léopoldine, la sœur de Mozart, qui se plaint d'avoir tout fait pour la réussite de son frère sans jamais être reconnue. Les voix sont très légères, aigues, j'ai toujours l'impression qu'on se transforme en une volée d'hirondelles quand on chante cette chanson. Même les personnes les plus agaçantes de ma classe, c'est-à-dire Charline et Kassel changent de visage en chantant, c'est vraiment magique.

En attendant 13 h 30, et ce moment où j'oublie tout ce qui me pèse et me rend triste, je suis allée à la bibliothèque. J'ai pris un album de Claude Ponti qui s'appelle *Ma vallée*. Je l'ai à la maison aussi, on me l'a offert pour mes six ans et je ne m'en lasse jamais. Il ne raconte pas une histoire, mais trente, il décrit un monde où j'aimerais vivre. Ma cousine se moque de moi quand je le lis, elle dit que les albums, c'est pour les bébés. Au début, je ne savais pas quoi lui répondre, je haussais les épaules avec un petit pincement dans le cœur, vexée, et puis je me suis obligée à trouver chaque fois une contre-attaque, et je suis assez fière de la liste que j'ai pu établir ainsi, et que je note petit à petit dans mon cahier des Trucs Indispensables et Secrets. Il y a « c'est ça, va te voir dans une glace, petite poule mal peignée » ou « bien sûr, mon crapaud joufflu », la meilleure étant, selon moi, « bébé toi-même, espèce de poireau sous-développé ».

Question : pourquoi le mot « bébé » est considéré comme une insulte par la plupart des enfants ?

À cet instant, une voix près de moi a dit :

— Oh, moi aussi j'adore ce livre !

La voix était celle de Simon.

Il s'est assis près de moi. J'ai senti que je rougissais un peu.

— C'est laquelle, ta page préférée ? a-t-il demandé.

J'ai réfléchi.

— Dis-moi toi, d'abord.

Il a pris le livre de mes mains, a tourné les pages et a dit :

— Celle-là.

J'ai regardé. C'était la page de l'Arbre-Maison, avec la chambre pour dormir avec beaucoup d'amis, la salle de la balanquette, le lit à lire au chaud et la piscine. Moi aussi, j'ai souvent rêvé d'habiter là.

J'ai repris le livre de ses mains.

— Moi, c'est celle-là.

Et j'ai montré la page du Théâtre des Colères où vont les Touim's quand ils sont très fâchés.

— En fait, je les aime toutes, a-t-il dit.

— Moi aussi.

Et on est resté là, tous les deux, sans trop savoir quoi ajouter. C'est lui qui a trouvé.

— Tu fais quoi, pendant les vacances de printemps ?

— Je reste à Paris la première semaine et puis je pars avec mes parents en Bretagne. Et toi ?

— Je reste un peu à Paris aussi, puis je pars avec mes parents dans le Périgord.

— Tu vas au centre aéré ?

— Non, je déteste ça.

— Moi aussi.

J'ai eu envie de lui dire qu'on pourrait se voir,

mais je n'osais pas. Il s'est mis à regarder ailleurs, tout à coup. Moi, j'ai regardé ses mains, j'ai vu qu'il se rongeait les ongles lui aussi, alors ça m'a donné du courage et j'ai réussi à prononcer la phrase «Si tu veux, je peux t'inviter chez moi, pendant les vacances», sans m'évanouir.

Il a dit «oui».

Et la cloche a sonné.

10

C'est quand on croit
qu'il ne se passe rien que tout arrive (bis)

J'ouvre les yeux.

Aujourd'hui, j'ai dix ans.

Je regarde mes jambes, mes pieds, mon ventre, mes mains. Rien n'a changé, sauf que chaque jour, mes ongles sont un peu plus rongés.

Je ferme les yeux.

Je vois le visage de Simon, j'ai le cœur qui tremble un peu.

Je rabats la couette sur ma tête. C'est mercredi, je n'ai pas envie de me lever, je veux me rendormir et sauter cette journée comme on saute une case au jeu de l'oie.

*
* *

Maman est entrée dans ma chambre sur la pointe des pieds.

— Bon anniversaire, ma chérie. Tu te réveilles ? On va se faire une belle journée, toutes les deux.

La « belle journée » commence par un super petit déjeuner qu'elle m'a préparé. Il y a de la brioche, de la confiture de figues aux noisettes, des pancakes, un jus d'orange pressée et un chocolat chaud avec du vrai chocolat fondu.

Maman m'a souri.

— Tu as dix ans, tu te rends compte ? C'est un anniversaire pour moi aussi, tu sais. Ça fait dix ans que tu as changé ma vie, que tu m'as appris chaque jour ce que ça voulait dire, être maman. Je dois dire que tu es un excellent professeur !

J'ai hoché la tête. Je n'avais jamais pensé aux choses sous cet angle.

— Je descends poster une lettre, dit-elle, puis on sortira toutes les deux pour une grande ballade, si tu veux bien. Papa a proposé de nous rejoindre pour le déjeuner et après, on pourra aller au ciné.

J'ai encore hoché la tête puis j'ai plongé le nez dans mon bol.

À son retour Maman tenait à la main plusieurs enveloppes. Elle ouvre toujours les « vraies » lettres en premier, c'est-à-dire celles où son nom est écrit à la main, et pas par un ordinateur. Les autres, elle les pose sur la table de la cuisine et met parfois plusieurs jours avant de les ouvrir.

Tout en triant le courrier elle m'a dit :

– Tiens, il y a une lettre pour toi.

J'ai sursauté. Mon cœur s'est mis à battre un peu plus vite. J'ai regardé l'enveloppe. « Tamara Korchia » était écrit à la main d'une écriture d'adulte. Une écriture que je ne connaissais pas. Je l'ai retournée : il n'y avait pas le nom de l'expéditeur.

– Tu ne l'ouvres pas ? a demandé Maman, curieuse comme tout.

– Pas tout de suite, j'ai répondu.

J'ai fini mon petit déjeuner et je suis allée dans ma chambre. J'ai tiré les rideaux, fermé la porte, allumé la petite lumière près de mon lit et je suis rentrée sous la couette, en tenant l'enveloppe serrée fort dans ma main.

Qui m'avait écrit ?

Ou plutôt : qui m'avait répondu ?

Tout doucement, j'ai déchiré l'enveloppe.

Dedans, il y avait une feuille pliée en quatre.

Je l'ai déplié au ralenti. Mon regard a cherché la signature.

Mon cœur s'est arrêté de battre. J'ai commencé à lire mais il a fallu que je relise la première phrase cinq fois avant de pouvoir me concentrer et d'aller jusqu'au bout.

Chère Tamara,

Merci pour ta lettre. Tu ne peux pas imaginer comme elle m'a fait plaisir. C'est vrai que la plupart du temps, quand on m'écrit, c'est pour me demander une photo dédicacée. Parfois, certains osent un peu plus et réclament un t-shirt, une serviette ou des baskets avec lesquelles j'ai joué. Pour tout te dire, il y a des gens qui s'occupent de ce courrier à ma place, sinon, il me faudrait cent sept ans au minimum pour répondre à tous. De temps en temps, je prends une lettre au hasard et je la lis. C'est ce qui s'est passé avec la tienne. Elle m'a fait du bien. J'ai eu l'impression que tu m'écrivais pour de bonnes raisons.

Tu sais, j'en ai marre qu'on me parle de mon coup de tête à Materazzi, j'en ai marre qu'on écrive des milliers de pages sans me connaître, j'en ai marre qu'on écrive que j'ai été un dieu du stade, un surhomme. La plupart du temps, quand j'entends mon nom, j'ai l'impression qu'on parle de quelqu'un d'autre que moi.

Je ne pense pas pouvoir changer le monde comme tu le voudrais, même en étant célèbre et admiré comme je le suis. Mais j'ai très envie de te rencontrer, pour te connaître et connaître tes idées. On pourra peut-être en réaliser une, et ce sera déjà beaucoup. Je serai au mois d'avril pour quelques jours à Paris. Je t'appellerai et si tu veux, on pourra se rencontrer à ce moment.

Bien entendu, je compte sur toi pour ne pas avertir la presse et toute ton école de cette rencontre.

Je te souhaite un bel anniversaire, et je t'embrasse,

Zinédine Zidane

Épilogue

Où personne n'en croit ses yeux, et pourtant...

Nous sommes le 9 avril, dans un très grand hôtel parisien. Nous avons poussé une magnifique porte en bois qui tourne. Nos pieds s'enfoncent dans le tapis au sol, on se croirait sur de la mousse. Je pense : j'aurais dû demander un tapis comme celui-ci pour mon anniversaire, si j'avais su qu'il en existait.

Je tiens Simon par la main.

Jamais je n'oublierai son expression quand je lui ai montré la lettre, et que je lui ai demandé de m'accompagner pour rencontrer Zinédine Zidane, en secret, dans son hôtel. Il m'a dit : je savais que tu n'étais pas une fille comme les autres, mais à ce point-là !

On a levé la main droite tous les deux et on a juré sur nos MP3 que cette rencontre resterait secrète.

J'ai dit à mes parents que j'allais chez Simon, Simon a dit aux siens qu'il venait chez moi, et comme ils nous laissent tous nous déplacer seuls dans le quartier depuis qu'on est « grands », personne ne saura que nous n'étions ni chez l'un ni chez l'autre.

Avec notre argent de poche, on a payé les tickets de métro. « L'hôtel se trouve à la station Concorde, m'a dit Zidane au téléphone. À la réception, tu demanderas la chambre de Madame Yasmine Alek. C'est un code, évidemment. »

Nous approchons du comptoir de la réception. Jamais je n'ai été aussi timide de ma vie. Un type en en uniforme vert se penche vers nous.

— Vous désirez ?

— Nous venons voir Madame Yasmine Alek.

Il hausse un sourcil, surpris.

— Un instant je vous prie.

Il compose un numéro de téléphone, dit quelques mots doucement en nous regardant plusieurs fois, puis il appelle quelqu'un dans un bureau derrière lui.

Ça ne va pas marcher, ça ne va pas marcher, ça ne va pas marcher, je pense dans ma tête.

– Ça va marcher, ne t'inquiète pas, chuchote Simon à mon oreille.

Le type revient vers nous, accompagné d'une dame en uniforme vert elle aussi, mais avec une jupe.

– Solange va vous accompagner jusqu'à la chambre de Madame Yasmine Alek, dit-il, en se courbant pour nous faire une sorte de révérence, et un petit clin d'œil aussi, je crois.

Nous traversons le hall et je ne sais plus où donner de la tête entre les lustres qui scintillent, les fauteuils et les canapés moelleux, les vases noirs et dorés et la personne qui joue du piano en sourdine.

Solange est très impressionnante. Elle ne nous a rien dit à part «je vous en prie», en faisant signe de la suivre. Du coup, nous ne parlons pas non plus.

Nous entrons dans un ascenseur qui semble être fait en nacre et en ivoire. Elle appuie sur le cinquième bouton et nous tourne le dos.

Je regarde Simon qui me regarde aussi. Nous nous sourions.

Dans mon sac, j'ai mon Cahier des Trucs Indispensables et Secrets.

Nous arrivons au cinquième étage. Solange s'engage dans un couloir en répétant «je vous en prie» (décidément, c'est une manie!) et s'arrête devant la chambre 511. Elle frappe trois coups à la porte et s'efface derrière nous. La porte s'ouvre. On doit entendre mon cœur battre jusqu'en Argentine.

Il est encore plus grand que ce que j'avais imaginé mais ses yeux sont exactement comme sur les photos : pleins de lumière. Ils se plissent dans un sourire tandis qu'il nous dit avec son accent chantant :

– Bonjour, les enfants. Entrez. Je suis très content de vous voir.